MINISTÈRE DE LA GUERRE

DIRECTION DE L'INFANTERIE

INSTRUCTION PROVISOIRE

DU 1er FÉVRIER 1916

SUR LE

FUSIL MITRAILLEUR

MODÈLE 1915

(C. S. R. G.)

Édition mise à jour au 15 avril 1921

PARIS
CHARLES-LAVAUZELLE & Cie
Éditeurs militaires
124, Boulevard Saint-Germain, 124
MÊME MAISON A LIMOGES

MINISTÈRE DE LA GUERRE

DIRECTION DE L'INFANTERIE

INSTRUCTION PROVISOIRE

DU 1er FÉVRIER 1916

SUR LE

FUSIL MITRAILLEUR

MODÈLE 1915

(C. S. R. G.)

Édition mise à jour au 15 avril 1921

PARIS
CHARLES-LAVAUZELLE & Cie
Éditeurs militaires
124, Boulevard Saint-Germain, 124
MÊME MAISON A LIMOGES

INSTRUCTION PROVISOIRE

SUR LE

FUSIL MITRAILLEUR

MODÈLE 1915.

(C. S. R. G.)

TITRE PREMIER.

FUSIL MITRAILLEUR MODÈLE 1915.

CHAPITRE PREMIER.

CARACTÉRISTIQUES, DESCRIPTION ET NOMENCLATURE DU FUSIL.

§ 1. — Caractéristiques.

Le fusil mitrailleur modèle 1915 est une arme à tir automatique utilisant la force du recul. Il se classe parmi les armes de cette catégorie fonctionnant par long recul du canon.

Il tire la cartouche française réglementaire 86 D (a m). L'alimentation se fait à l'aide de chargeurs d'une contenance de 20 cartouches.

L'arme permet le tir coup par coup ou tir intermittent, et le tir automatique ou tir en mitrailleuse.

§ 2. — Description et nomenclature.

Le fusil se divise en deux parties :

A) *Une partie fixe*; — B) *Une partie mobile*.

A) Partie fixe.

La partie fixe comprend :

1° Le manchon-guide ;

2° La monture ;

3° Le mécanisme de détente ;

4° Les garnitures.

1° **Manchon-guide.** — Il est en tôle d'acier et sert à protéger le canon et à guider ses mouvements. Il est formé de deux tubes, reliés ensemble par la *bague de raccord*, et porte à sa partie antérieure l'*embouchoir porte-guidon* qui, par sa forme tronconique, diminue le diamètre interne du manchon-guide, constituant ainsi une sorte de renforceur de recul.

Le manchon-guide est percé à l'avant de trous permettant la circulation de l'air autour du radiateur.

On y remarque : à droite, la *fenêtre d'éjection ;* en dessous, la *glissière* dans laquelle glisse l'alimentateur fixé à la culasse mobile. La glissière est échancrée à sa partie postérieure pour permettre la mise en place et le démontage de l'alimentateur.

La partie arrière du manchon-guide est terminée par la *bague écrou de bouchon* sur laquelle se visse le *bouchon d'appui* qui sert d'appui aux ressorts récupérateurs.

Le bouchon d'appui comprend : le bouchon proprement dit avec son filetage et le tube guide-ressorts.

La bague de raccord et la bague écrou de bouchon portent respectivement une chape d'assemblage et un tenon à œilleton permettant de fixer le manchon-guide sur la monture au moyen des verrous d'assemblage.

La bague de raccord porte intérieurement un épaulement contre lequel vient buter la partie antérieure de la fourrure du canon lorsque celui-ci est à la position de tir.

A la partie antérieure du manchon-guide est vissé le cache-flammes ; à la partie médiane est fixée la hausse.

2° **Monture.** — La monture est formée de deux flasques reliés par des entretoises et fixés à l'arrière sur la crosse.

Sur le *flasque droit*, on remarque :

Les trous d'axe du porte-bretelle antérieur, du verrou d'assemblage antérieur, les trous pour le passage de l'axe à galet, des vis de fixation de l'entretoise porte-volet et de l'entretoise médiane, les trous d'axe de la détente, du levier de tir et de sûreté, du levier de gâchette, du porte-bretelle postérieur, du verrou d'assemblage postérieur,

Le flasque droit possède une échancrure pour le coulissement du bouton de manœuvre.

Sur le *flasque gauche*, on remarque :

Les mêmes trous d'axe et de passage que sur le flasque droit (a l'exception de celui de l'axe à galet).

Reliant les deux flasques, on a :

L'entretoise avant porte-fourche, dont la partie antérieure est filetée pour le vissage de la tête à chapes de la fourche.

L'entretoise porte-volet, qui porte :

a) Le levier arrêtoir de canon dont le bec, se logeant dans une encoche de la fourrure du canon, a pour rôle de maintenir ce dernier à la position de tir. Ce levier comprend : le bec, le corps et le talon ; un ressort prenant appui d'une part sur l'entretoise, d'autre part sur le talon, porte le bec vers le haut ;

b) Le ressort d'appui du chargeur, chargé de faciliter l'enlèvement du chargeur ;

c) Le volet guide-cartouche dont le rôle est d'assurer l'introduction correcte de la cartouche dans le canon. Ce volet porte à cet effet un plan incliné contre lequel glisse la pointe de la balle de la cartouche poussée en direction du canon par l'alimentateur. Le volet, devant avoir au cours du fonctionnement de l'arme des mouvements d'élévation et d'abaissement, est actionné, au moyen d'un axe à galet, par la bielle appartenant à la culasse mobile.

L'entretoise porte-volet est fixée aux flasques au moyen de deux vis assurant également la fixation du guide de bielle sur le flasque droit.

L'entretoise médiane, à la partie inférieure de laquelle on remarque :

a) La poignée de maintien fixée à l'entretoise au moyen d'une tige vissée ;

b) Le crochet d'arrêt de chargeur actionné par sa manette.

L'entretoise médiane est reliée aux flasques au moyen de deux vis.

La crosse, sur laquelle on remarque le logement de l'arrêtoir du bouchon d'appui.

3° **Mécanisme de détente.** — Le mécanisme de détente du fusil mitrailleur modèle 1915 est monté sur un corps de mécanisme formé par deux flasques latéraux et une plaque de fond.

Sur les flasques latéraux on remarque : les trous d'axe de détente, de levier de tir et de sûreté et de levier de gâchette.

Sur la plaque de fond on remarque : le piton de ressort de barrette et l'échancrure pour le passage de la queue de détente et de l'arrondi de la barrette.

Le corps de mécanisme est terminé à sa partie inférieure par la poignée pistolet recouverte par des plaquettes en bois fixées au moyen de deux vis à rosettes. Reliant la plaque de fond à la poignée, on remarque le pontet.

Entre les deux flasques latéraux, on a :

a) *Le ressort de barrette* (point fixe : piton ; point mobile : barrette de mentonnet). Ce ressort sollicite la barrette et la queue de détente à se porter vers l'avant ;

b) *La barrette* sur laquelle on remarque : l'œilleton, l'arroudi, le corps, le plan incliné, le talon ;

c) *La détente* qui comprend : la chape et la queue. La détente est reliée à la barrette au moyen de la goupille d'entraînement de barrette ;

d) *La gâchette*, avec sa chape, sa tête et les appuis du ressort de gâchette. La gâchette est reliée à la détente au moyen d'une goupille tubée ;

e) *Le ressort de gâchette* (point fixe : plaque de fond ; point mobile : gâchette), tend à porter la tête de gâchette vers le haut ;

f) *Le levier de gâchette* sur lequel on remarque : la partie antérieure formant chape, le logement de la goupille tubée de levier de gâchette, la queue. Sur la partie antérieure du levier est fixé le mentonnet au moyen de l'axe du mentonnet ;

g) *Le mentonnet* qui comprend : la tête et son arrondi, le bras inférieur ;

h) *Le ressort de mentonnet* (point fixe : levier de gâchette ; point mobile : bras inférieur du mentonnet) sollicite le bras inférieur du mentonnet vers l'avant ;

i) *Le levier de tir et de sûreté* traversant perpendiculairement les flasques latéraux et qui comprend : le levier avec son bouton et son pointeau, l'axe avec la came.

4° Garnitures. — Les garnitures comprennent :

a) La fourche, constituée par une tête à chapes taraudée en son milieu et deux tubes terminés par les pointes. Les tubes sont reliés à la tête à chapes au moyen des vis axes d'articulation ;

b) Les porte-bretelle qui comprennent : les anneaux et les axes de fixation sur les flasques.

B) Partie mobile.

La partie mobile comprend :

1° Les canon, boîte de culasse et ressort récupérateur de canon ;

2° Les culasse et ressort récupérateur de culasse ;

3° Le mécanisme d'alimentation.

1° Canon, boîte de culasse et ressort récupérateur de canon. — a) *Canon.* — A la partie antérieure, on remarque le filetage permettant la fixation de l'écrou de canon qui forme cloison mobile du renforceur de recul.

Le canon est entouré à l'avant et sur les trois quarts de sa longueur environ d'un radiateur en aluminium.

Ce radiateur est maintenu en place, d'une part, à l'aide de l'écrou de canon, d'autre part, au moyen d'une fourrure vissée sur la boîte de culasse.

Cette fourrure possède une encoche circulaire dans laquelle prend logement le bec du levier-arrêtoir de canon.

Le canon est prolongé à sa partie postérieure par la boîte de culasse fixée sur lui au moyen d'un filetage.

b) *Boîte de culasse.* — La boîte de culasse contient et guide le mécanisme de culasse. On y remarque :

A droite : la fenêtre d'éjection, à la partie arrière de laquelle on distingue le plan incliné d'effacement du bonhomme arrêtoir de tête mobile.

A la partie inférieure : la rainure-guide terminée à sa partie arrière par la rampe prenant appui sur le mentonnet lorsque le canon est à la position de tir.

A l'intérieur de la boîte de culasse et à sa partie antérieure, se trouvent les épaulements d'appui contre lesquels viennent s'appliquer : d'une part, lors du verrouillage, la butée tronconique de la tête mobile ; d'autre part, pendant et après le départ du coup, la face postérieure des tenons de la tête mobile.

A l'arrière de la boîte de culasse est logée la bague d'appui du ressort récupérateur de canon.

c) *Le ressort récupérateur de canon* (point fixe : bouchon d'appui; point mobile : bague d'appui) est un ressort à boudin entourant un tube fixé sur le bouchon d'appui.

2° **Culasse et ressort récupérateur de culasse.** — La culasse mobile se compose de la tête mobile et du chien.

a) *Tête mobile.* — On y distingue :

A l'avant : la cuvette, à l'intérieur de laquelle fait saillie l'éjecteur à ressort; les tenons de fermeture; le logement de l'extracteur et de son ressort; la butée tronconique; l'épaulement d'appui du chien;

A l'arrière : les tenons de manœuvre; l'encoche pour le pointeau du bonhomme arrêtoir de tête mobile;

A l'intérieur : le canal du percuteur.

b) *Chien.* — Sur lequel sont fixés le percuteur et la tige de chien.

On y remarque : les rainures de manœuvre dans lesquelles coulissent les tenons de manœuvre de la tête mobile; les logements de l'alimentateur et de son tenon.

Logé dans l'épaisseur du chien et faisant saillie sur le côté droit, on distingue le bonhomme arrêtoir de tête mobile. Ce bonhomme est terminé à sa partie basse par un pointeau qui vient se placer dans l'encoche de tête mobile lorsque cette dernière est en position tenons verticaux.

A la partie antérieure du chien, on remarque les passages des tenons de manœuvre de la tête mobile

La tige de chien possède à sa partie postérieure un anneau de butée (point d'appui mobile du ressort récupérateur de culasse).

c) *Le ressort récupérateur de culasse* (point fixe : bouchon d'appui; point mobile : anneau de butée de la tige de chien) est un ressort à boudin logé dans le tube fixé sur le bouchon d'appui.

Le ressort récupérateur de culasse joue également le rôle de ressort de percussion.

3° **Mécanisme d'alimentation.** — Le mécanisme d'alimentation comprend l'alimentateur et la bielle

a) *Alimentateur.* — On y distingue :

Le doigt; les nervures guide de l'alimentateur sur la

boîte de culasse; le crochet de culasse et le bouton de manœuvre.

b) *Bielle.* — Sur laquelle on remarque :

La rainure du galet de l'axe du volet et l'œil pour la tige du bouton de manœuvre qui relie cette dernière à l'alimentateur.

Nota. — Le mécanisme d'alimentation est complété par le chargeur.

CHAPITRE II.

FONCTIONNEMENT DE L'ARME.

§ 1. — Mouvements de canon et de culasse.

Généralités. — Dans toute arme automatique, il faut assurer automatiquement à un moment donné la séparation du canon et de la culasse mobile, afin de permettre l'exécution des différentes opérations (extraction, éjection, introduction d'une nouvelle cartouche dans le canon) indispensables pour le fonctionnement de l'arme.

Dans le fusil mitrailleur modèle 1915, l'ensemble mobile (canon, culasse) est porté vers l'arrière sous l'action du recul, puis le canon est ramené à la position de tir par son ressort récuperateur tandis que la culasse, maintenue à l'arrière, ne peut revenir à sa position primitive que lorsque le canon est à complète position avant. La séparation du canon et de la culasse est ainsi réalisée.

Fonctionnement. — Pour tirer, il faut : armer le mécanisme de culasse, puis accrocher le chargeur sous le fusil en plaçant l'extrémité antérieure entre l'entretoise porte-fourche et le manchon et le talon porté par la partie arrière du chargeur, en prise avec le crochet d'arrêt de chargeur.

En agissant sur la détente, le mécanisme de culasse charge l'arme et produit le départ du coup.

Dans les mouvements de canon et de culasse du fusil mitrailleur modèle 1915, trois phases sont à considérer :

1re phase : *Recul de canon et de culasse* (les deux pièces étant reliées);

2e phase : *Retour du canon à la position de tir ;*

3e phase : *Retour de culasse mobile vers l'avant.*

PREMIÈRE PHASE.

Recul de canon et de culasse (les deux pièces jointes).

Agent moteur : les gaz.

1 opération : armé.

Le coup vient de partir, les gaz agissant sur la culasse mobile la font reculer. Comme la culasse est verrouillée au canon, ce dernier est entraîné vers l'arrière. Les ressorts récupérateurs sont bandés. La culasse mobile, et par suite le percuteur, étant à sa position extrême arrière, le ressort récupérateur de culasse (faisant fonction de ressort de percussion) étant comprimé, l'armé est réalisé (1).

Maintien de l'armé : le maintien de l'armé est assuré par l'accrochage de la culasse mobile sur la tête de gâchette.

DEUXIÈME PHASE.

Retour du canon à la position de tir.

Agent moteur : ressort récupérateur de canon.

4 opérations : 1° *Retrait du percuteur*;
2° *Déverrouillage*;
3° *Extraction*;
4° *Éjection*.

Dès que l'action des gaz disparaît, le ressort récupérateur de canon se détend et porte le canon vers l'avant. Ce dernier, en se portant vers l'avant, sollicite la culasse mobile qui lui est verrouillée à l'accompagner dans son mouvement.

1° Retrait du percuteur. — Le chien étant retenu à la position arrière par l'accrochage de l'alimentateur sur la tête de gâchette, seule la tête mobile peut se porter vers l'avant.

L'avance de la tête mobile est d'environ 8 millimètres (longueur de la partie rectiligne des rainures de manœuvre), d'où *retrait du percuteur par rapport à la cuvette*.

Il n'y a pas déverrouillage puisque les tenons de manœuvre circulent dans la partie rectiligne des rainures de manœuvre du chien.

(1) L'armé est complété par le retrait du percuteur, qui s'opère au début de la deuxième phase.

2° **Déverrouillage.** — Par suite de la traction exercée sur la tête mobile par le canon dont le ressort récupérateur n'est qu'incomplètement débandé, les tenons de manœuvre passant dans la partie hélicoïdale des rainures obligent la tête mobile à tourner. Les tenons de fermeture de tête mobile sortent de leur logement contre les épaulements d'appui de la boîte de culasse, d'où *déverrouillage*.

3° **Extraction.** — Le canon, continuant sa course, se détache alors de la culasse mobile. L'étui qui se trouvait dans le canon étant d'autre part retenu par la griffe de l'extracteur se trouve retiré de la chambre, d'où *extraction*.

4° **Éjection.** — Au moment où la distance entre la culasse et la tranche antérieure de la fenêtre d'éjection est suffisante, l'étui, constamment poussé par l'éjecteur, pivote autour de l'extracteur et est projeté à droite en passant par la fenêtre d'éjection, d'où *éjection*.

TROISIÈME PHASE.

Retour de culasse mobile vers l'avant.

Agent moteur : ressort récupérateur de culasse.

3 opérations : 1° *Introduction d'une cartouche dans le canon et fermeture de la chambre;*
2° *Verrouillage;*
3° *Percussion.*

1° **Introduction d'une cartouche dans le canon et fermeture de la chambre.** — Lorsque le canon arrive à la position de tir, la rampe située à l'arrière de la rainure-guide de la boîte de culasse agit sur le mécanisme de détente qui libère la culasse.

Sous l'action du ressort récupérateur de culasse bandé lors du recul de la culasse, cette dernière se porte en avant. Dans ce mouvement, la partie antérieure du doigt de l'alimentateur rencontrant une cartouche élevée par le chargeur, la pousse en avant et vers le haut en direction de la chambre. Le tenon de fermeture inférieur de tête mobile, agissant à son tour sur cette cartouche, l'introduit à fond dans la chambre, d'où *introduction d'une cartouche*; puis la culasse vient fermer l'entrée de la chambre, d'où *fermeture*.

2° **Verrouillage.** — A la fin de cette première opération, le ressort récupérateur de culasse n'est pas complètement débandé. Il sollicite donc toujours une avance de culasse. Comme la tête mobile est arrêtée par son appui sur les épaulements de la boîte de culasse, le chien seul peut avancer. Le chien, se portant vers l'avant et ne pouvant prendre qu'un mouvement rectiligne, oblige la tête mobile à tourner par suite de l'action de la partie hélicoïdale des rainures sur les tenons de manœuvre de la tête mobile. Les tenons de fermeture rentrent dans leur logement contre les épaulements d'appui de la boîte de culasse, d'où *verrouillage*.

3° **Percussion.** — Le chien continuant à se porter vers l'avant sous l'action du ressort, toujours incomplètement débandé, les tenons de manœuvre passent dans la partie rectiligne des rainures et le percuteur fait saillie dans la cuvette, d'où *percussion*.

Nota :

1° **Rôle du renforceur de recul.** — L'embouchoir porte-guidon est organisé de façon à réaliser le rôle de renforceur de recul. A cet effet, il présente intérieurement une chambre tronconique dans laquelle se détendent les gaz au moment où la balle quitte le canon et traverse l'orifice de l'embouchoir.

Les gaz, venant agir vers l'arrière sur la tranche antérieure de l'écrou de canon, augmentent l'action du recul qu'ils avaient exercé au départ du coup sur la culasse.

2° **Rôle du levier-arrêtoir de canon.** — Lorsque le canon arrive à la position de tir, un léger mouvement de retour du canon vers l'arrière est à craindre par suite du choc de la fourrure du canon contre la bague de raccord du manchon-guide.

Le levier-arrêtoir de canon a pour but d'interdire ce mouvement. En effet, faisant saillie au-dessus de l'entretoise porte-volet, le bec de l'arrêtoir, s'effaçant pour laisser passer le canon, se relève dès que ce dernier est à la position de tir et vient se loger dans une encoche pratiquée sur la fourrure du canon. Tout mouvement du canon est alors impossible.

Mais comme il faut que le canon puisse se porter vers l'arrière sous l'action des gaz, il est nécessaire de faire disparaître l'action de l'arrêtoir avant le départ du coup. La culasse est chargée de cette opération. A cet effet, en se portant vers l'avant, le doigt de l'alimentateur prenant appui sur le bras supérieur du levier-arrêtoir oblige le bec à s'abaisser. Le canon est alors libéré.

3° **Rôle du bonhomme arrêtoir de tête mobile.** — Le bonhomme arrêtoir de tête mobile a pour but de maintenir la tête mobile dans la position : tenons verticaux, lorsque la culasse mobile se porte vers l'avant. A cet effet, le bonhomme possède à sa partie basse un pointeau qui se loge dans une encoche menagée à la partie postérieure de la tête mobile lorsque cette dernière est en position : tenons verticaux. Toute rotation de la tête mobile est alors impossible car le bonhomme arrêtoir, prenant appui par sa partie haute contre la paroi interne de la boîte de culasse, ne peut se soulever et permettre ainsi la sortie du pointeau de son logement dans l'encoche de la tête mobile.

Mais lorsque la tête mobile arrive à la position de fermeture, il faut faire disparaître l'action du bonhomme arrêtoir afin d'assurer la libération de la tête mobile qui doit tourner lors du verrouillage. Le pointeau du bonhomme doit donc à ce moment quitter son logement dans l'encoche de la tête mobile. A cet effet, lorsque la tête mobile est sollicitée à tourner, l'action des bords inclinés de l'encoche sur le pointeau du bonhomme assure le relèvement de ce dernier qui sort de son logement dans la tête mobile. Ce relèvement est possible car, au moment du verrouillage, la partie haute du bonhomme faisant saillie dans la fenêtre d'éjection n'est plus au contact de la paroi interne de la boîte de culasse.

§ 2. — Mécanisme de détente.

Le mécanisme de détente du fusil mitrailleur, modèle 1915, permet d'exécuter deux genres de tir :

1° *Tir automatique ou tir en mitrailleuse;*

2° *Le tir coup par coup ou tir intermittent.*

L'exécution de ces deux genres de tir est réglée par la position donnée à la came du levier de tir et de sûreté.

1° Tir en mitrailleuse.

Position de la came : horizontale (la came ne vient à aucun moment prendre appui sur la barrette de mentonnet).

Une percussion vient d'avoir lieu. Le canon et la culasse sont projetés vers l'arrière. La culasse y est maintenue.

Le tireur maintenant l'action du doigt sur la détente,

la barrette de mentonnet, portée vers l'arrière, bande son ressort et prend appui sur le bras inférieur du mentonnet. Elle opère ainsi le pivotement de celui-ci autour de son axe de telle façon que l'arrondi de la tête du mentonnet se trouve placé sur le chemin parcouru par la boîte de culasse et que le bras inférieur du mentonnet comprime le ressort de mentonnet et s'appuie sur le levier de gâchette.

Le canon revenant à sa position avant, la rampe de la rainure-guide de la boîte de culasse rencontrant la tête du mentonnet, tend à opérer le pivotement de ce dernier vers l'avant.

Ce mouvement, rendu impossible par l'appui du bras inférieur du mentonnet contre le levier de gâchette, est transformé en un abaissement de l'axe du mentonnet et, par suite, de la partie antérieure du levier de gâchette.

Le contact existant entre le levier de gâchette et la gâchette, il y a abaissement de la gâchette dont le bec s'efface et libère la culasse.

La percussion a lieu, le canon et la culasse sont renvoyés vers l'arrière.

La boîte de culasse reculant quitte son appui sur le mentonnet. Le ressort de gâchette, comprimé lors de l'abaissement de cette dernière, se débande, provoquant le relèvement de la gâchette dont la tête est de nouveau à même d'accrocher la culasse. La gâchette relève en même temps le levier de gâchette et, par suite, le mentonnet dont la tête se trouve de nouveau placée sur le chemin parcouru par la boîte de culasse.

Le retour du canon provoquera les mêmes opérations que ci-dessus.

Par conséquent, c'est le canon qui, par la rampe de la rainure-guide de boîte de culasse, règle, dans le tir automatique, le départ des coups, le tireur n'ayant pour préoccupation que de conserver l'appui du doigt sur la détente.

Si on lâche la détente, le tir s'arrête, canon avant, culasse accrochée.

En effet : le ressort de barrette, en ramenant la barrette et la détente vers l'avant, a fait quitter l'appui de la barrette sur le mentonnet qui, sous l'action de son ressort, pivote de telle façon que sa tête n'est plus sur le chemin parcouru par la boîte de culasse ; cette dernière ne fait que l'effleurer sans appuyer dessus. Donc, pas d'action de la boîte de culasse sur le mentonnet au moment du retour du canon, par conséquent, pas d'action du mentonnet sur le levier de gâchette qui, lui-même, n'abaisse pas la gâchette. La tête de gâchette reste au contact du crochet de culasse, la culasse est maintenue à l'arrière : d'où arrêt de tir.

2° Tir coup par coup.

Position de la came : verticale et tournée vers le bas (c'est-à-dire que la came est en contact avec la barrette de détente).

On a armé le fusil à la main en agissant sur le bouton de manœuvre. Le canon est à la position avant, la culasse est maintenue à l'arrière par son accrochage sur la tête de gâchette.

Le mentonnet est en contact par sa tête avec le dessous de la boîte de culasse.

Si on fait l'action du doigt sur la détente, la barrette, portée vers l'arrière, assure le pivotement du mentonnet autour de son axe et tendrait ainsi à produire l'élévation de la tête de ce mentonnet. Ce mouvement d'élévation est impossible puisque le mentonnet est au contact de la boîte de culasse, mais il se transforme en un abaissement de l'axe du mentonnet qui produit l'abaissement de la partie avant du levier de gâchette et, par suite, de la gâchette. La culasse libérée se porte vers l'avant.

Il y a percussion; l'ensemble mobile, canon et culasse, est renvoyé vers l'arrière.

La boîte de culasse quitte son appui sur le mentonnet. Sous l'action du ressort de gâchette, on a relèvement : de la tête de gâchette, de la partie avant du levier de gâchette et, par conséquent, de l'axe du mentonnet.

Si une pièce nouvelle n'entre pas en jeu, on a relèvement de la tête du mentonnet qui prend une position telle qu'elle fait saillie sur le chemin parcouru par la boîte de culasse. Dès le retour du canon, on aurait libération de la culasse, par conséquent, on aurait déterminé le tir en mitrailleuse.

Mais la came du levier de tir et de sûreté est entrée en jeu; la barrette, maintenue vers l'arrière par suite de l'action du doigt sur la détente, reste appliquée contre la came du levier de tir et de sûreté et ne peut accompagner, dans son mouvement de relèvement, le bras inférieur du mentonnet. Dès que son bras inférieur est libéré, le mentonnet, sous l'action de son ressort, revient à sa position initiale et sa tête ne fait plus saillie sur le chemin parcouru par la boîte de culasse. Par conséquent, cette dernière se portant vers l'avant ne peut plus prendre appui sur le mentonnet et provoquer ainsi la libération de la culasse.

Si on veut libérer la culasse et, par suite, faire partir le coup suivant, il faut lâcher la détente, ce qui permet à la barrette, en se portant en avant sous l'action de son ressort, de venir se placer à nouveau contre le bras inférieur du mentonnet et à la détente de revenir à sa position normale ; puis reprendre l'action sur la détente, ce qui aura pour résultat le pivotement du mentonnet dans les conditions énoncées ci-dessus et, par conséquent, l'abaissement de la tête de gâchette.

Nota. — **Sûreté.**

Position de la came : verticale et tournée vers le haut

Dans ce cas, la came prenant appui contre le dessous de la partie antérieure du levier de gâchette, tout abaissement de ce levier et, par suite, celui de la gâchette sont impossibles.

Donc, l'action sur la détente ne peut produire la libération de la culasse et, par conséquent, le départ du coup.

§ 3. — Mécanisme d'alimentation.

L'arme étant armée, on place un chargeur garni de cartouches.

La première cartouche, retenue par les oreilles prolongeant vers le haut les flasques du chargeur, se trouve placée sur le chemin parcouru par le doigt de l'alimentateur.

Si le tireur, appuyant sur la détente, libère la culasse mobile, le doigt de l'alimentateur, prenant appui sur la partie haute du culot de la cartouche, lui fait quitter le chargeur en la poussant violemment vers l'avant. La pointe de la balle de cette cartouche rencontrant le plan incliné du volet guide-cartouche se soulève et la cartouche est dirigée en direction de la chambre dans laquelle elle est introduite par la tête mobile.

La deuxième cartouche, soulevée par le ressort du chargeur, tend à prendre la place qu'occupait précédemment la première cartouche du chargeur et se trouve au contact de la partie inférieure de l'alimentateur qui limite son élévation.

La percussion a lieu ; la culasse étant renvoyée vers l'arrière, le doigt de l'alimentateur glissant sur la cartouche du chargeur vient se placer en arrière de son culot.

Cette cartouche peut alors remonter et se trouve placée sur le chemin parcouru par le doigt.

Si la culasse se porte à nouveau vers l'avant, il y aura prise de cette nouvelle cartouche dans les conditions énoncées ci-dessus.

Nota. — Pour permettre l'avance complète de la culasse mobile, il faut créer un passage pour le doigt de l'alimentateur qui, sans cela, viendrait buter contre l'entretoise porte-volet. A cet effet, cette entretoise porte un volet mobile s'abaissant pour laisser passer le doigt lorsque celui-ci, ayant poussé la cartouche en direction de la chambre, continue à se porter vers l'avant. Le volet mobile est actionné au moyen d'un axe à galet coulissant dans la rainure de la bielle reliée à la culasse mobile.

Remarque : Tant que la cartouche n'est pas introduite dans le canon, le volet-guide reste à la position haute.

§ 4. — Incidents de tir.

Conduite générale à tenir en cas d'incident : Armer *sans désépauler*, puis agir sur la détente.

Si le fonctionnement n'est pas assuré, placer l'arme comme pour approvisionner, se rendre compte de l'incident, et y remédier par les moyens ci-après.

Non-retour du canon à la position de tir.

Causes : 1° Frottement exagéré de l'ensemble canon-boîte de culasse à l'intérieur du manchon; 2° Difficulté de déverrouillage (encrassement exagéré de la chambre); 3° Difficulté d'extraction (encrassement exagéré de la chambre, munition défectueuse, diamètre de chambre trop grand).

Effets : Le retour du canon ne s'est pas produit; d'où arrêt de tir.

Situation : Le canon est à position arrière. Il y a un étui dans le canon.

Moyens de remédier à l'incident.

1° Porter l'ensemble mobile à complète position arrière en actionnant le bouton de manœuvre. Cette opération permet souvent le retour du canon.

2° Si le procédé ci-dessus ne donne pas de résultat, mettre le levier de tir et de sûreté à la position de « sûreté » (en face du repère S), redresser l'arme verticalement et frapper la crosse contre le sol, *par le talon, en évitant soigneusement de faire porter le bec.*

3° Si on n'arrive pas à remettre l'arme en état à l'aide des procédés ci-dessus énoncés, on peut aussi, au moyen du crochet éjecteur ou d'une lame de couteau, etc., prendre appui sur la partie postérieure de la fenêtre d'éjection du manchon et faire effort sur le canon en vue de le porter vers l'avant. Ce procédé ne doit être *qu'exceptionnellement employé.*

Si l'incident se renouvelle trop fréquemment, il faut procéder au nettoyage de l'arme.

Mauvaise présentation d'une cartouche en direction de la chambre.

Causes : 1° Chargeur défectueux (oreilles trop larges); 2° Relèvement insuffisant du piston du chargeur et, par conséquent, de la cartouche (ressort de chargeur trop faible ou chargeur encrassé).

Effets : La culasse s'arrête avant fermeture complète; d'où arrêt de tir.

Situation : La cartouche poussée par le doigt de l'alimentateur est venue buter par sa pointe contre la partie haute de la boîte de culasse (dans le cas d'oreilles trop larges) ou contre l'entretoise porte-volet (dans le cas de relèvement insuffisant de la cartouche). La culasse est de ce fait arrêtée, dans le premier cas par l'appui de la partie inférieure de la cuvette contre le corps de l'étui, dans le second cas par l'appui du doigt de l'alimentateur sur le culot de la cartouche.

Moyens de remédier à l'incident.

1° Dans le cas d'oreilles trop larges : Changer le chargeur;

2° Dans le cas de relèvement insuffisant de la cartouche : Armer en portant le bouton de manœuvre à complète position arrière et agir au besoin sur le ressort de chargeur.

Manque d'alimentation.

Causes : Chargeur encrassé ou déformé ou ressort de chargeur trop faible ou déformé.

Effets : Il n'y a pas eu relèvement du piston du chargeur ; une cartouche n'est donc pas placée sur le chemin parcouru par le doigt de l'alimentateur qui se porte vers l'avant sans pousser de cartouche en direction de la chambre.

Situation : Le tir s'arrête, culasse fermée. Il n'y a pas de cartouche dans le canon.

Moyens de remédier à l'incident.

1° Armer, ce qui permettra peut-être le relèvement du piston.

2° Agir à travers le flasque ajouré, avec le crochet éjecteur ou la pointe d'une balle, sur la colonne de cartouches pour permettre à ces dernières de prendre leur place normale.

Nota : Si le tireur ne peut pas remédier aux incidents ci-dessus à l'aide des procédés indiqués, ne pas perdre de temps et changer immédiatement de chargeur.

Observation. — Les deux derniers incidents étant dus aux chargeurs, l'attention des fusiliers est tout particulièrement attirée sur la nécessité impérieuse de maintenir les chargeurs dans un *état parfait de conservation et d'entretien*.

CHAPITRE III.

DÉMONTAGE ET REMONTAGE DE L'ARME.

---

§ 1. — Démontage.

Le démontage de l'arme doit être fait le moins souvent possible. Il ne doit se faire que pour un nettoyage complet ou, en cas de besoin, pour la vérification de l'arme. Le démontage doit toujours être fait posément et sans brusquerie.

1° *Désarmer.* — Après s'être assuré que l'arme est déchargée et que le levier de tir et de sûreté n'est pas à la position « sûreté », désarmer en pressant sur la détente et en conduisant à la main le bouton de manœuvre à sa position avant pour éviter une détente brusque du ressort et, par suite, une rupture possible de pièce.

2° *Dévisser le bouchon d'appui des ressorts.* — Effacer l'arrêtoir du bouchon et dévisser celui-ci en le poussant constamment vers l'avant pour éviter de *dégrader* le filetage et empêcher, en fin de dévissage, le lancé du bouchon par suite de la détente brusque des ressorts. Retirer le bouchon et les deux ressorts récupérateurs, séparer les trois pièces. La bague d'appui du récupérateur du canon vient avec celui-ci ou tombe d'elle-même lors du démontage de la culasse.

3° *Séparer le manchon-guide de la monture.* — Placer l'extrémité antérieure du manchon-guide sur un objet quelconque; ramener vers l'arrière le bouton de manœuvre; abaisser la manette du verrou d'assemblage antérieur et enlever le verrou postérieur en le poussant vers la gauche après avoir eu soin d'effacer son arrêtoir; soutenir l'arrière du manchon-guide et séparer la monture en l'abaissant et la poussant ensuite légèrement en avant pour dégager la bielle de son logement dans le guide.

4° *Démonter le mécanisme de culasse.* — Tirer le bouton de manœuvre jusqu'à recul complet de l'ensemble mobile dans le manchon-guide de façon à placer l'alimentateur dans l'échancrure arrière de la glissière de ce manchon; soulever l'alimentateur pour le séparer de la culasse mobile; retirer cette dernière de la boîte de culasse; séparer la tête mobile du chien.

5° *Retirer le canon et la boîte de culasse.* — Abaisser légèrement l'arrière du manchon-guide et recevoir le canon et la boîte de culasse qui glissent d'eux-mêmes.

Nota. — Ne jamais démonter les pièces composant la monture ou fixées sur celle-ci (entretoises, mécanisme de détente). Ces pièces, d'un assemblage délicat, sont fixées aux flasques à l'aide de vis à écrou qu'un dévissage fréquent userait et dont la perte serait ainsi facilitée.

Le nettoyage ne nécessite pas le démontage de ces pièces.

6° *Démontage du chargeur.* — Retirer la lame d'arrêt; à cet effet, la saisir par le bec et la faire coulisser entre les nervures qui la maintiennent sur les flasques, extraire le ressort, sortir le piston, en le faisant glisser par son poids à l'intérieur du chargeur.

§ 2. — Remontage.

Le remontage se fait dans l'ordre inverse du démontage. Avoir soin de ne forcer nulle part, toutes les pièces devant tomber d'elles-mêmes en position. Pour éviter toute perte de temps, se conformer aux prescriptions suivantes :

1° Placer l'ensemble canon boîte de culasse dans le manchon-guide et le faire coulisser une ou deux fois ; orienter convenablement la rainure-guide et amener sa partie postérieure en coïncidence avec la partie arrière de l'échancrure de la glissière du manchon-guide ;

2° Introduire la culasse remontée dans la boîte de culasse, la placer de façon que le logement de l'alimentateur situé sur le chien soit dans l'échancrure de la boîte de culasse. Assembler l'alimentateur sur la culasse. Faire fonctionner et ramener le bouton de manœuvre vers la partie médiane du manchon-guide ;

3° Assembler le manchon-guide sur la monture. A cet effet, placer le manchon et le soutenir à l'arrière comme pour le démontage, mais de telle sorte que le bouton de manœuvre soit dirigé vers le haut et à droite. Présenter la monture à plat après avoir orienté la manette du verrou d'assemblage antérieur à la position de démontage. Introduire le galet du volet-guide cartouche dans la rainure de la bielle ; tirer la monture légèrement vers l'arrière et l'appliquer fortement contre le manchon de façon à faire pénétrer le verrou d'assemblage antérieur dans sa chape. Fermer ce verrou et mettre en place le verrou postérieur. Presser sur la détente et pousser le mécanisme de culasse à la position de fermeture ;

4° Placer les deux ressorts sur le bouchon d'appui, coiffer le récupérateur de canon de sa bague d'appui et introduire le tout dans le manchon. Comprimer les ressorts et visser le bouchon à fond en ayant soin de pousser vers l'avant pour éviter la dégradation du filetage ;

5° Armer et désarmer en conduisant la culasse à la main dans le but de s'assurer du bon fonctionnement de l'ensemble ;

6° *Remontage du chargeur* : Placer à l'intérieur du chargeur le piston, puis le ressort. Appuyer sur la dernière branche du ressort pour faire disparaître complètement ce dernier à l'intérieur du chargeur. Introduire la lame d'arrêt dans ses nervures sur les flasques et la pousser à fond.

CHAPITRE IV.

ENTRETIEN DU FUSIL ET DES CHARGEURS.

§ 1. — Fusil.

Le nettoyage s'opère au moyen des accessoires contenus dans la trousse décrite au Titre III; l'huile employée doit être de l'huile minérale de bonne qualité et, de préférence, de l'huile oléonaphte.

L'utilisation du pétrole facilite beaucoup le nettoyage des pièces très encrassées, mais il faut, après s'en être servi, essuyer avec soin, avant huilage, toutes les pièces imbibées de pétrole, qui, sans cette précaution, pourraient s'oxyder rapidement.

Nettoyage avant le tir.

Cette opération est faite sur le terrain même, en principe, sans démonter l'arme.

Essuyer les parties de la culasse mobile qui apparaissent dans la fenêtre d'éjection, ainsi que la surface extérieure de la bielle.

Armer.

Essuyer l'intérieur de la boîte de culasse, et particulièrement les épaulements d'appui.

Après avoir désarmé, huiler (1) légèrement les tenons de fermeture de la tête mobile, la rainure de manœuvre de la culasse, et les deux faces de la bielle.

Manœuvrer plusieurs fois de suite la culasse en agissant sur le bouton de manœuvre, pour s'assurer que le jeu des pièces est normal; désarmer, s'il y a lieu.

Au cas où l'arme, avant le tir, aurait été particulièrement soumise à l'influence de la pluie, de la boue ou de la poussière, effectuer, si les circonstances le permettent, le nettoyage complet ainsi qu'il est dit ci-après.

---

(1) Par temps de gelée, il convient de n'huiler le F. M. dans les conditions indiquées ci-dessus, qu'après avoir essuyé l'arme et tiré 30 à 40 cartouches.

Nettoyage après le tir.

Après chaque tir, le fusil mitrailleur doit être nettoyé. Démonter l'arme, dans les conditions indiquées au chapitre précédent.

Canon et boîte de culasse. — On utilise pour le nettoyage interne du canon la baguette en trois pièces sur laquelle on visse successivement le lavoir et l'écouvillon pour canon.

Passer à cinq ou six reprises un chiffon sec à l'intérieur du canon, ainsi qu'il est prescrit pour le nettoyage du fusil ordinaire avec la baguette. Si, après cette opération, le canon n'est pas net, employer un chiffon imbibé d'huile.

L'intérieur du canon étant ainsi nettoyé, le graisser légèrement au moyen de la baguette munie de l'écouvillon sur lequel on verse préalablement quelques gouttes d'huile.

L'intérieur de la boîte de culasse et la tranche postérieure du canon doivent être nettoyés minutieusement au moyen de curettes en bois tendre, puis essuyés avec des chiffons secs.

Nettoyer également la surface extérieure de la boîte de culasse, de la fourrure et du radiateur; gratter avec une curette les encrassements qui se sont déposés sur l'écrou de canon.

Lubrifier ensuite l'intérieur de la boîte de culasse, ainsi que la surface extérieure de la boîte de culasse et de la fourrure.

Manchon-guide. — Écouvillonner soigneusement l'intérieur du manchon-guide, et nettoyer dans la mesure du possible la partie interne de l'embouchoir porte-guidon.

Essuyer la surface extérieure du manchon-guide, ainsi que les pièces fixées sur ce dernier, en se conformant à ce qui est prescrit pour l'entretien des pièces bronzées du fusil ordinaire.

Lubrifier les surfaces intérieures et extérieures du manchon-guide, ainsi que les pièces fixées sur ce dernier, en opérant, pour la hausse, comme il est indiqué pour la hausse du fusil.

Culasse mobile et mécanisme d'alimentation. — Passer au pétrole, s'il est nécessaire, les parties les plus encrassées. Nettoyer tous les logements intérieurs avec des curettes en bois tendre, et essuyer complètement toutes les pièces avec un linge sec.

Huiler légèrement toutes les parties intérieures et extérieures.

Au moment de remonter la culasse et le mécanisme d'alimentation dans la boîte de culasse, mettre quelques gouttes d'huile sur les nervures-guides de l'alimentateur, sur la pointe du percuteur, à la griffe de l'extracteur, sur les tenons de fermeture de la tête mobile, sur le bonhomme-arrêtoir de la tête mobile, et dans les rainures de manœuvre du chien.

Ressorts récupérateurs. — Essuyer ces ressorts avec un linge sec qu'on fait passer entre les spires, en évitant de les écarter soit par traction, soit par ploiement.

Les lubrifier légèrement.

Mécanisme de détente. — Il est rappelé que le nettoyage de ce dernier n'est précédé d'aucun démontage spécial. Retirer au moyen de curettes les corps étrangers déposés dans ce mécanisme, puis essuyer les pièces avec un chiffon sec, et mettre une goutte d'huile sur tous les axes.

Montures et garnitures. — La pièce de la monture qui s'encrasse particulièrement, pendant le tir, est l'entretoise porte-volet. Verser quelques gouttes de pétrole dans les logements de cette entretoise difficilement accessibles à l'introduction d'une curette. Essuyer ensuite soigneusement avec un linge sec les pièces de l'entretoise, puis mettre une goutte d'huile sur les surfaces de contact des différentes parties mobiles.

Pour les autres parties de la monture ainsi que pour les garnitures, se conformer aux prescriptions concernant l'entretien de la monture et des garnitures du fusil ordinaire.

Mettre, de plus, quelques gouttes d'huile sur les verrous d'assemblage, sur l'axe du crochet d'arrêt de chargeur et sur les vis-axes d'articulation de la fourche.

Nettoyage après les exercices.

L'entretien du fusil exige des soins journaliers.

Après les exercices, il convient de procéder aux opérations suivantes :

Passer à l'intérieur du canon un chiffon sec, puis l'écouvillon légèrement huilé;

Essuyer toutes les parties extérieures de l'arme, lubrifier les pièces en acier apparentes.

Si l'arme a été soumise à une forte poussière, à la pluie, ou à l'action de la boue, il y a lieu d'effectuer le nettoyage complet conformément aux indications données ci-dessus (nettoyage après le tir).

En toutes circonstances, le nettoyage complet doit être pratiqué une fois au moins par semaine.

Nettoyage au cours du combat.

Lorsqu'au cours du combat les incidents de tir (non-retour du canon) se multiplient, par suite de l'encrassement et de l'échauffement qui résultent d'un tir prolongé, le fonctionnement du fusil mitrailleur peut être amélioré par l'emploi du procédé suivant :

Verser du pétrole sur la partie de la fourrure qui apparaît dans la fenêtre d'éjection du manchon-guide (au moment d'un non-retour du canon) et sur la bielle.

Lorsque le retour du canon à sa position de tir a été obtenu, verser également, par la fenêtre d'éjection, du pétrole sur la culasse mobile et à l'intérieur de la boîte de culasse.

Essuyer sommairement les différentes pièces ci-dessus et mettre quelques gouttes d'huile sur la fourrure, sur les deux faces de la bielle et sur les tenons de fermeture de la tête mobile.

Les opérations ci-dessus permettent généralement de continuer le tir et d'attendre le moment favorable qui doit être mis à profit, avec l'autorisation du chef de section, pour opérer le démontage et le nettoyage de l'arme.

Ce nettoyage peut être limité, au besoin, aux pièces ou aux parties de pièces qui interviennent directement dans le fonctionnement de l'arme.

§ 2. — Chargeurs.

a) Le chargeur fait partie du mécanisme d'alimentation, il doit être, par conséquent, dans un état parfait de conservation et de propreté.

Après chaque tir et après les exercices, les chargeurs doivent être démontés, nettoyés intérieurement et extérieurement, puis huilés intérieurement et lubrifiés extérieurement.

Au cours du combat, les pourvoyeurs essuient et huilent rapidement les chargeurs avant de regarnir ces derniers de cartouches ; mais dans ce cas, les opérations sont faites généralement sans démonter les chargeurs.

b) Les fusiliers doivent surveiller l'état du ressort de chaque chargeur.

Pour être bon, le ressort doit, lorsqu'il est retiré du chargeur, présenter la forme d'une couronne incomplètement fermée. L'interruption entre les deux extrémités du ressort ne doit pas être supérieure à quatre doigts.

En cas d'écartement supérieur, augmenter la force du ressort en ouvrant, à la main, les angles ayant leur sommet sur la circonférence intérieure de la couronne.

Si, malgré cette opération, le ressort reste faible, il est à remplacer.

c) Les chargeurs déformés, ou dont les oreilles présentent des bavures, doivent être envoyés à l'atelier du chef armurier pour réparation.

En aucun cas, les fusiliers ne sont autorisés à pratiquer cette opération eux-mêmes.

§ 3. — Observations générales.

a) Pour éviter l'introduction des corps étrangers, il y a lieu, en tous temps, d'observer les précautions suivantes :

1° Munir le fusil mitrailleur de sa gaine toutes les fois qu'il n'est pas fait usage de l'arme ;

2° Ne découvrir les obturateurs que pendant l'exécution des tirs.

b) Dans les corps, les fusils mitrailleurs sont au râtelier, placés dans leur gaine, la culasse mobile fermée.

Les chargeurs sont dans les chambres, ou dans un magasin, renfermés dans les havresacs, dans les musettes, ou dans des caisses closes. Ils ne sont garnis de cartouches qu'au moment du besoin.

Les surfaces extérieures en acier du fusil et des chargeurs doivent être légèrement onctueuses ; avant de se servir de son arme, le soldat les essuie avec un linge sec.

TITRE II.

LES MUNITIONS.

§ 1. — Cartouches.

Le fusil mitrailleur modèle 1915 tire la cartouche modèle 1886 D (a m), placée par 20 dans des chargeurs.

§ 2. — Chargeurs.

Le chargeur est en tôle d'acier; il a la forme d'une fraction de couronne. Il est composé de deux flasques et de deux plaques de fond formant entretoise. L'un des flasques est plein, l'autre est ajouré, permettant de voir l'intérieur du chargeur. Des nervures assurent la rigidité des flasques et le guidage des cartouches dans le chargeur.

L'une des extrémités est fermée par une lame d'arrêt, qui sert d'appui au ressort et dont le bec, dépassant à l'extérieur du chargeur, sert à fixer ce dernier sur le fusil. L'autre extrémité est ouverte pour le passage des cartouches. Deux oreilles prolongeant les flasques empêchent les cartouches de sortir du chargeur, à moins qu'elles ne soient sollicitées à quitter ce dernier sous l'action d'une poussée sur leur culot.

A l'intérieur du chargeur, se trouve un piston destiné à pousser continuellement les cartouches vers l'orifice. Ce piston (1) est mû par un ressort en accordéon ayant son point d'appui fixe sur la lame d'arrêt.

§ 3. — Garnissage du chargeur.

Pour garnir le chargeur : abaisser à la main le piston d'une quantité égale à l'épaisseur d'une cartouche.

---

(1) Sur certains chargeurs, les flasques ont été percés de deux trous permettant d'immobiliser le piston au moyen de la balle d'une cartouche.

Introduire une cartouche, le culot le premier, la laisse reposer sur le piston ; abaisser de nouveau ce dernier et continuer ainsi le garnissage en abaissant progressivement le piston de façon à autoriser le passage de la cartouche à introduire. Pratiquement, le chargeur est garni lorsqu'il contient 19 cartouches.

Pour vider un chargeur : pousser successivement sur le culot des cartouches, dans les mêmes conditions que le ferait le doigt de l'alimentateur au cours du fonctionnement.

Nota. — Il y a avantage à ne pas laisser les chargeurs garnis, sans nécessité, afin de ne pas fatiguer le ressort.

§ 4. — Mise en place du chargeur sur le fusil.

Pour mettre en place le chargeur sur le fusil : armer, saisir le chargeur dans la main droite, le cintre en bas, l'orifice de sortie des cartouches à l'arrière.

Placer la lame d'arrêt, le bec dirigé vers le haut, entre l'entretoise avant porte-fourche et l'entretoise porte-volet. Relever ensuite l'arrière du chargeur jusqu'à ce que celui-ci soit en prise sur le crochet-arrêt de chargeur.

Pour dégager le chargeur, amener le bouton de manœuvre à position extrême arrière pour assurer l'accrochage de la culasse. Agir sur la manette du crochet-arrêt de chargeur et enlever à la main ce dernier qui, sans cette précaution, tomberait de lui-même sous l'action du ressort d'appui de chargeur.

TITRE III.

ACCESSOIRES ET OBJETS DIVERS.

---

a) Accessoires.

Les accessoires du fusil mitrailleur modèle 1915 sont placés dans une trousse qui contient :

1 baguette en 3 pièces ;

1 écouvillon pour canon ;

1 lavoir ;

1 écouvillon pour manchon-guide et boite de culasse ;

1 tire-douille, modèle 1907 ;

1 crochet éjecteur-tournevis ;

1 burette à huile ;

1 burette à pétrole.

b) Objets divers.

Triangle métallique et crochet supplémentaire de bretelle de suspension pour le tir en marchant.

Le triangle et le crochet supplémentaire sont fixés en permanence, le premier à la bretelle du fusil mitrailleur, le deuxième à la bretelle de suspension gauche du fusilier.

Auget pour chargement cartouche par cartouche.

L'auget, mis en place sur l'arme, obture la partie inférieure de l'échancrure de chargement et permet le chargement cartouche par cartouche, en cas de besoin.

Mode d'emploi : Armer le fusil, disposer le levier de tir et de sûreté pour le tir coup par coup et mettre en place l'auget en introduisant le bec entre le volet-guide-cartouche et l'entretoise porte-volet, puis en relevant l'arrière de l'auget pour amener celui-ci en prise avec le crochet d'arrêt de chargeur. Le chargement cartouche par cartouche s'effectue par la fenêtre d'éjection; introduire la cartouche la balle en avant et la laisser reposer sur la partie haute de l'auget.

Protecteur métallique.

Le protecteur métallique est destiné à protéger les parties les plus sensibles du fusil mitrailleur contre la boue et la poussière lorsque l'arme est hors de son étui.

Le dispositif comprend :

a) L'obturateur des trous de circulation d'air du manchon-guide;

b) L'obturateur du logement du chargeur;

c) Le couvre-fenêtre d'éjection.

a) L'obturateur des trous de circulation d'air du manchon-guide est constitué par une lame d'acier recourbée, formant ressort, pouvant coulisser sur la partie antérieure du manchon-guide. En position avant il découvre des trous d'aération, en position arrière il les obture; un léger bossage sphérique pratiqué à la partie postérieure de l'obturateur assure la fixité de l'obturateur dans les deux positions. Deux manettes permettent d'actionner l'obturateur lorsqu'il est porté à haute température par suite du fonctionnement de l'arme.

La mise en place sur l'arme s'effectue par pression.

b) L'obturateur du logement du chargeur est une simple tôle d'acier portant un crochet à l'avant et un tenon à l'arrière pour permettre sa mise en place sur l'arme dans les mêmes conditions qu'un chargeur ordinaire. A chaque extrémité de l'obturateur est fixée une chaînette. Celle d'avant est reliée au porte-bretelle antérieur, celle d'arrière est fixée au poussoir du crochet d'arrêt de chargeur.

Pendant le tir, l'obturateur dégagé de son logement reste suspendu sous l'arme par les chaînettes.

c) Le couvre-fenêtre d'éjection, constitué par une lame d'acier recourbé formant légèrement ressort, porte une fenêtre de guidage échancrée à sa partie basse et une fenêtre d'éjection à la partie postérieure de laquelle est fixé un cliquet à ressort.

Le couvre-fenêtre se place sur le manchon-guide de la manière suivante : redresser la planche de hausse, disposer le couvre-fenêtre, le cliquet en arrière, perpendiculairement au manchon-guide et introduire la planche de hausse dans la fenêtre de guidage. Faire tourner le couvre-fenêtre pour le placer parallèlement au manchon-guide, le cliquet à droite, et l'assujettir sur l'arme en pressant sur ses extrémités.

Le couvre-fenêtre peut coulisser sur le manchon-guide ; à la position avant, il obture la fenêtre d'éjection ; à la position arrière, il la découvre. Le retrait s'opère soit à la main, soit automatiquement, au moment du recul de l'ensemble mobile, par suite de l'appui du bec du cliquet sur la tranche postérieure du canon.

Le couvre-fenêtre est retiré de l'arme par traction vers le haut, sur l'une et l'autre des extrémités, après avoir eu soin d'amener l'échancrure de la fenêtre de guidage vis-à-vis du pied de hausse.

Nota. — Il arrive parfois que le couvre-fenêtre avance légèrement, par inertie, au cours du tir et donne ainsi des défauts d'éjection. Pour éviter cet inconvénient, pratiquer une légère encoche à la lime tiers-point sur le manchon-guide, d'environ 0m005, en arrière de la fenêtre d'éjection ; le bec du cliquet se logeant dans cette encoche assure ainsi la fixité du couvre-fenêtre.

Dans ce cas, pour porter le couvre-fenêtre en avant, soulever le cliquet pour le sortir de l'encoche du manchon-guide, l'abandonner, puis pousser en avant.

TITRE IV.

ÉQUIPEMENT, ARMEMENT ET OUTILS DES FUSILIERS.

§ 1. — Caporal chef d'équipe.

a) **Équipement.** — Équipement ordinaire, avec musette spéciale.

Dans la musette spéciale : 4 chargeurs de F. M.; 1 trousse, soit 144 cartouches.

b) **Armement.** — Mousqueton (1) avec 45 cartouches ou chargeurs de 5 ou de 3 dans les cartouchières.

c) **Outils.** — Une serpe et une cisaille à main renforcée.

§ 2. — Tireur.

a) **Équipement.** — Bretelles de suspension avec crochet supplémentaire pour le tir en marchant, ceinturon avec une cartouchière du modèle général (2) et en arrière une cartouchière porte-pistolet avec lanière, musette spéciale; auget dans la cartouchière. Dans la musette spéciale : 1 trousse de nettoyage, 3 chargeurs de F. M., soit 80 cartouches.

b) **Armement.** — Fusil mitrailleur avec gaine, bretelle et triangle.

Pistolet automatique de 7mm,65 avec 21 ou 27 cartouches (3 chargeurs de 7 ou de 9) portés dans la cartouchière porte-pistolet.

c) **Outil.** — Bêche portative.

---

(1) La dotation sera réalisée à mesure que les disponibilités le permettront.

(2) Destinées à contenir des chiffons, l'auget, le crochet éjecteur-tournevis.

§ 3. — Premier pourvoyeur.

a) **Équipement.** — Bretelles de suspension, ceinturon avec une cartouchière du modèle général (1) et en arrière, une cartouchière porte-pistolet avec lanière; musette spéciale; havresac spécial;

Dans la musette spéciale: 4 chargeurs de F. M., 1 trousse soit .... 144 cart.

Dans le havresac spécial, 8 chargeurs de F. M soit .... 160 cart.

Total .... 304 cart.

b) **Armement.** — Pistolet automatique de 7mm65, comme le tireur.

c) **Outil.** — Pelle-pioche.

§ 4. — Aide-pourvoyeur.

a) **Équipement.** — Équipement ordinaire avec musette (2) et havresac spéciaux.

Dans le havresac spécial : 8 chargeurs de F. M., soit 160 cartouches.

b) **Armement.** — Mousqueton (3) avec 43 cartouches en chargeurs de 5 ou de 3 dans les cartouchières.

c) **Outil.** — Bêche portative.

---

(1) Voir page 32, renvoi (2).
(2) Destinée au transport des munitions provenant du ravitaillement.
(3) Voir page 32, renvoi (1).

TITRE V.

RENSEIGNEMENTS DIVERS.

---

§ 1. — Renseignements numériques.

ÉQUIPEMENT, MUNITIONS ET ARMEMENT DE L'ÉQUIPE :

a) *Caporal chef d'équipe.*

Munitions portées :

Cartouches pour F. M.	4 chargeurs......	80 cart.
	1 trousse.........	64 cart.
	TOTAL........	144 cart.
Cartouches pour mousqueton............		45 cart.

Chargement :

Mousqueton, épée baïonnette et fourreau.....	$3^{k}890$
Outils et équipement avec 45 cartouches dans les cartouchières.........................	$6^{k}745$
Musette spéciale avec 4 chargeurs et une trousse....................................	$3^{k}970$
TOTAL...........	$16^{k}605$

b) *Tireur.*

Munitions portées :

Cartouches pour F. M. 4 chargeurs.	60 cart.

Chargement :

Fusil mitrailleur avec gaine.................	$9^{k}500$
Cartouchière et pistolet avec 3 chargeurs.....	$1^{k}320$
Outil et équipement..........................	$3^{k}405$
Musette spéciale avec 3 chargeurs............	$3^{k}325$
Trousse de nettoyage.........................	$0^{k}560$
TOTAL...........	$18^{k}110$

c) *Premier pourvoyeur.*

Munitions portées :

Cartouches pour F. M. { 12 chargeurs.... 240 cart. / 1 trousse....... 64 cart.

TOTAL........... 304 cart.

Chargement :

Cartouchière et pistolet avec 3 chargeurs.....	1k 320
Outil et équipement.........................	32k 100
Havresac spécial et 8 chargeurs.............	8k 810
Musette spéciale avec 4 chargeurs et une trousse....................................	5k 970
	19k 200

d) *Aide-pourvoyeur.*

Munitions portées :

Cartouches pour F. M. 8 chargeurs....... 160 cart.
Cartouches pour mousqueton............ 45 cart.

TOTAL.......... 205 cart.

Chargement :

Mousqueton, épée-baïonnette et fourreau.....	3k 890
Outil et équipement avec 45 cartouches dans les cartouchières..........................	5k 095
Havresac spécial et 8 chargeurs.............	8k 810
Musette spéciale............................	0k 580
TOTAL............	18k 375

§ 2. — Approvisionnement de chargeurs au T. C.

L'approvisionnement de réserve comprend 300 chargeurs par bataillon, soit 8 environ par fusil mitrailleur.

Ces chargeurs sont placés dans des récipients d'une contenance de 20 chargeurs chacun pouvant être utilisés pour le transport du train de combat aux équipes (1).

Les récipients sont placés sur les caissons et voitures transportant les havresacs des fusiliers mitrailleurs.

Afin d'éviter que les ressorts des chargeurs ne se fati-

(1) En attendant la mise en service de ces récipients, les chargeurs seront placés dans les caisses qui servent à leur livraison.

guent, les chargeurs du T. C. sont transportés vides. Ils ne reçoivent leur chargement, par les soins du personnel du T. C. et par prélèvement sur les munitions transportées dans les coffres, qu'au moment de l'entrée de l'unité en opérations actives.

Le ravitaillement en chargeurs des équipes au combat s'opère au moyen des chargeurs pleins du train de combat.

Le sergent artificier a la responsabilité de l'entretien, du chargement et de la distribution des chargeurs transportés au train de combat de son bataillon.

§ 3. — Nomenclature des pièces du fusil mitrailleur modèle 1915.

PARTIE FIXE :

Manchon-guide :

Bague de raccord avec chape d'assemblage.
Bague-écrou de bouchon avec tenon à œilleton.
Bouchon d'appui des ressorts.
Cache-flammes.
Écrou-support de cache-flammes.
Embouchoir porte-guidon.
Hausse : cran de mire, curseur, pied de hausse, planchette de hausse, poussoir de curseur et son ressort, goupille, axe de planche, ressort de planche, vis de fixation de cran de mire, vis de fixation de pied de hausse, vis de fixation de ressort de planche.

Monture :

Arrêtoir de bouchon d'appui, son ressort et la vis de maintien avec rosettes.
Crochet d'arrêt de chargeur, sa manette et son ressort.
Crosse.
Entretoise avant porte-fourche.
Entretoise médiane, ses deux boulons de fixation.
Entretoise porte-volet, ses deux boulons de fixation avec écrou.
Flasque droit.
Flasque gauche.
Guide de bielle.
Levier-arrêtoir de canon, son ressort.
Poignée de maintien, sa tige avec écrou à rosette.
Ressort d'appui de chargeur, ses deux vis de fixation.
Verrou d'assemblage antérieur, son bouton à pointeau.
Verrou d'assemblage postérieur, sa rondelle Belleville.
Volet-guide-cartouche, son axe à galet et son galet.

Mécanisme de détente :

Barrette de mentonnet.
Corps de mécanisme.
Détente.
Gâchette.
Goupille axe du mentonnet.
Goupille d'entraînement de barrette.
Goupille tubée axe de détente et de barrette.
Goupille tubée axe de levier de gâchette.
Levier de gâchette.
Levier de tir et de sûreté, son bouton à pointeau.
Mentonnet.
Piton de ressort de barrette.
Plaquettes de poignée-pistolet.
Pontet.
Ressort de barrette.
Ressort de gâchette.
Ressort de mentonnet.
Rivet de fixation de ressort de gâchette.
Vis à rosettes de plaquettes.
Vis de fixation de pontet.

Garnitures :

Porte-bretelle avant.
Porte-bretelle arrière.
Tête à chapes de fourche.
Tubes de fourche.
Vis-axe d'articulation de tubes.

PARTIE MOBILE :

Canon et boîte de culasse :

Bague écrou de fourrure.
Bague d'appui du ressort récupérateur de canon.
Boîte de culasse.
Canon.
Écrou de canon.
Fourrure.
Radiateur.
Ressort récupérateur de canon.

Culasse mobile :

Anneau de butée de tige de chien, sa goupille.
Bonhomme arrêtoir de tête mobile.
Chien.
Éjecteur.
Extracteur.

Goupille axe d'extracteur.
Goupille de tige de chien.
Percuteur.
Ressort d'éjecteur.
Ressort d'extracteur.
Ressort récupérateur de culasse.
Tête mobile.
Tige de chien.
Vis-guide d'éjecteur.

Mécanisme d'alimentation :

Alimentateur.
Bielle.
Bouton de manœuvre.
Tenon d'assemblage de l'alimentateur.
Tige de manœuvre.

Chargeur :

Lame d'arrêt.
Piston.
Ressort de chargeur.

PLANCHE I.

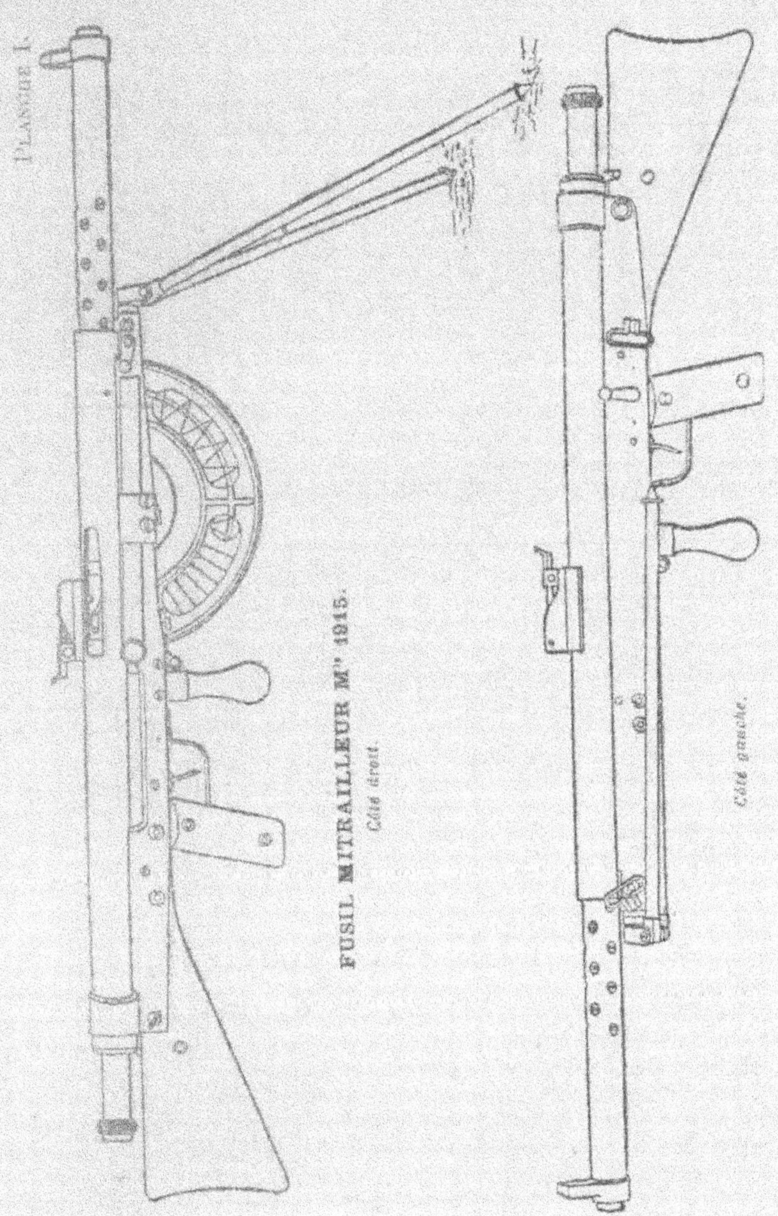

FUSIL MITRAILLEUR Mle 1915.

Côté droit.

Côté gauche.

PLANCHE II

FUSIL MITRAILLEUR Mle 1915. *Pièces détachées.*

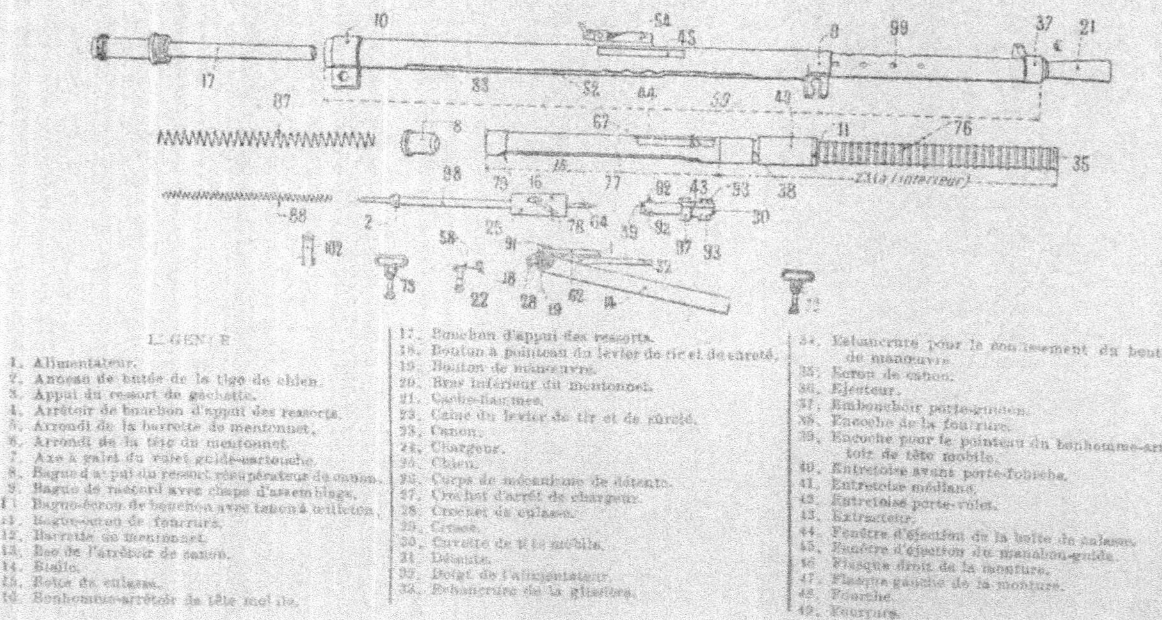

LÉGENDE

1. Alimentateur.
2. Anneau de butée de la tige de chien.
3. Appui du ressort de gâchette.
4. Arrêtoir de bouchon d'appui des ressorts.
5. Arrondi de la barrette de mentonnet.
6. Arrondi de la tête du mentonnet.
7. Axe à galet du volet guide-cartouche.
8. Bague d'appui du ressort récupérateur du canon.
9. Bague de raccord avec chape d'assemblage.
10. Bague-écrou de bouchon avec tenon à ailettes.
11. Bague-écrou de fourrure.
12. Barrette de mentonnet.
13. Bec de l'arrêtoir de canon.
14. Bielle.
15. Boîte de culasse.
16. Bonhomme-arrêtoir de tête mobile.
17. Bouchon d'appui des ressorts.
18. Bouton à pointeau du levier de tir et de sûreté.
19. Bouton de manœuvre.
20. Bras inférieur du mentonnet.
21. Cache-flammes.
22. Came du levier de tir et de sûreté.
23. Canon.
24. Chargeur.
25. Chien.
26. Corps de mécanisme de détente.
27. Crochet d'arrêt de chargeur.
28. Crochet de culasse.
29. Crosse.
30. Cuvette de tête mobile.
31. Détente.
32. Doigt de l'alimentateur.
33. Échancrure de la glissière.
34. Échancrure pour le coulissement du bouton de manœuvre.
35. Écrou de canon.
36. Éjecteur.
37. Embouchoir porte-guidon.
38. Encoche de la fourrure.
39. Encoche pour le pointeau du bonhomme-arrêtoir de tête mobile.
40. Entretoise avant porte-fourche.
41. Entretoise médiane.
42. Entretoise porte-volet.
43. Extracteur.
44. Fenêtre d'éjection de la boîte de culasse.
45. Fenêtre d'éjection du manchon-guide.
46. Flasque droit de la monture.
47. Flasque gauche de la monture.
48. Fourche.
49. Fourrure.

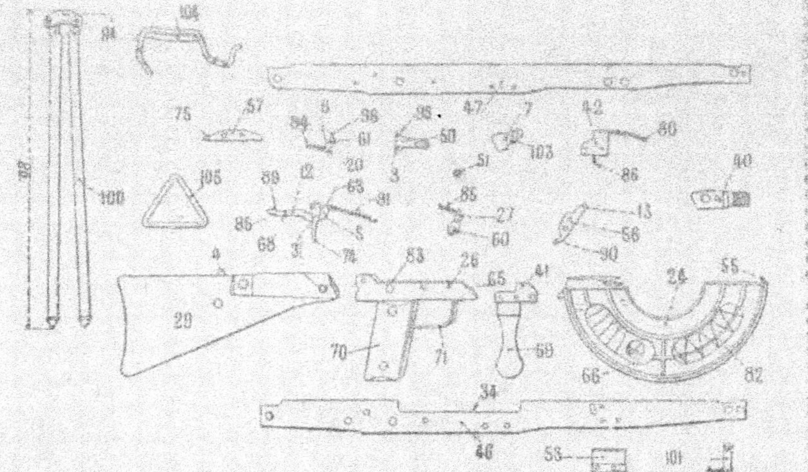

50. Gâchette.
51. Galet de volet guide-cartouche.
52. Glissière.
53. Guide de bielle.
54. Hausse.
55. Lame d'arrêt de chargeur.
56. Levier-arrêtoir de canon.
57. Levier de gâchette.
58. Levier de tir et de sûreté.
59. Manchon-guide.
60. Manette ou crochet d'arrêt de chargeur.
61. Mentonnet.
62. Nervures guide de l'alimentateur.
63. Œilleton de la barrette de mentonnet.
64. Percuteur.
65. Piton du ressort de barrette de mentonnet.
66. Piston de chargeur.
67. Plan incliné d'effacement du bonhomme-arrêtoir de tête mobile.
68. Plan incliné de la barrette de mentonnet.
69. Poignée de maintien.
70. Poignée-pistolet.
71. Pontet.
72. Porte-bretelle avant.
73. Porte-bretelle arrière.
74. Queue de détente.
75. Queue de levier de gâchette.
76. Radiateur.
77. Rainure-guide.
78. Rainures de manœuvre.

79. Rampe d'abaissement du mentonnet.
80. Ressort d'appui de chargeur.
81. Ressort de barrette.
82. Ressort de chargeur.
83. Ressort de gâchette.
84. Ressort de mentonnet.
85. Ressort du crochet d'arrêt de chargeur.
86. Ressort du levier arrêtoir de canon.
87. Ressort récupérateur de canon.

88. Ressort récupérateur de culasse.
89. Talon de la barrette de mentonnet.
90. Talon de levier-arrêtoir de canon.
91. Tenon d'assemblage de l'alimentateur.
92. Tenons de manœuvre.
93. Tenons de fermeture.
94. Tête à chape de la fourche.
95. Tête de gâchette.
96. Tête du mentonnet.

97. Tête mobile.
98. Tige de chien.
99. Trous d'aération du manchon.
100. Tubes de fourche.
101. Verrou d'assemblage antérieur.
102. Verrou d'assemblage postérieur.
103. Volet guide-cartouche.
104. Auget de chargement cartouche par cartouche.
105. Triangle pour tir en marchant.

PLANCHE III.

FUSIL MITRAILLEUR Mle 1915.

Protecteur métallique.

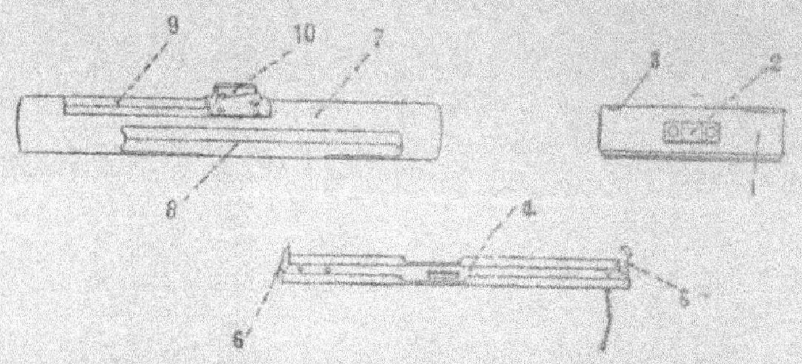

LÉGENDE.

1. Obturateur des trous de circulation d'air du manchon-guide.
2. Manette.
3. Bossage.
4. Obturateur du logement du chargeur
5. Crochet.
6. Talon.
7. Couvre-fenêtre d'éjection.
8. Fenêtre de guidage.
9. Fenêtre d'éjection.
10. Cliquet.

TABLE DES MATIÈRES.

TITRE PREMIER.

Fusil mitrailleur modèle 1915.

CHAPITRE PREMIER.

CARACTÉRISTIQUES, DESCRIPTION ET NOMENCLATURE DU FUSIL.

CHAPITRE II.

FONCTIONNEMENT DE L'ARME.

CHAPITRE III.

DÉMONTAGE ET REMONTAGE DE L'ARME.

CHAPITRE IV.

ENTRETIEN DU FUSIL ET DES CHARGEURS.

TITRE II.

Les munitions.

TITRE III.

TITRE IV.

Équipement, Armement et Outils des fusiliers.

TITRE V.

Renseignements divers.

PARIS, 124, BOULEV. St-GERMAIN, — IMP. MILIT. CHARLES-LAVAUZELLE ET Cie.

www.ingramcontent.com/pod-product-compliance
Ingram Content Group UK Ltd.
Pitfield, Milton Keynes, MK11 3LW, UK
UKHW022139170726
13837UKWH00004B/1661